JN410488

맹금猛禽이 되려한다

전영모 제6시집

맹금猛禽이 되려한다

초판 1쇄 인쇄 | 2016년 7월 25일
초판 1쇄 발행 | 2016년 7월 30일

지은이 | 전영모
펴낸이 | 윤영희
주 간 | 이현실

펴낸곳 | 도서출판 **동행**
등록번호 | 제2-4991호

주소 | 서울시 중구 을지로 3가 302-18
전화 | (02) 2285-0711, 2285-2734
팩스 | (02) 338-2722
이메일 | gongamsa@hanmail.net

ⓒ 2016. 전영모, Printed in Korea

값 10,000원

ISBN 979-11-5988-001-8 03810

* 저자와의 상의하에 인지는 생략합니다.
* 파본 및 잘못된 책은 서점에서 교환해 드립니다.

맹금猛禽이 되려한다

전영모 제6시집

동행

시인의 말

맹금猛禽이 되려한다

비록 작은 맹금이라도 비상력이 강하고 용맹스러운
매처럼 먹이를 포착하면 놓치지 않고 낚아채는

큰소리치며 몰려다니는 무리들에 흔들리고
빈 병과 빈 깡통의 소리가 사회를 혼탁하게 하니
이를 詩로 고발하여 밝은 사회가 되도록 힘쓸 것이며

썩어가던 시화호가 갈대에 의해 살아나듯
시의 정신으로 국민의 정서적 생활을
유도할 수 있는 시인이 되도록 노력할 것이다

生을 다하는 그날까지
詩와의 싸움은 계속될 것이다

2016년 여름
시인 孤松 **全泳模**

CONTENTS

매

2 강아지풀

3 고목에 꽃 피다

대나무의 반란

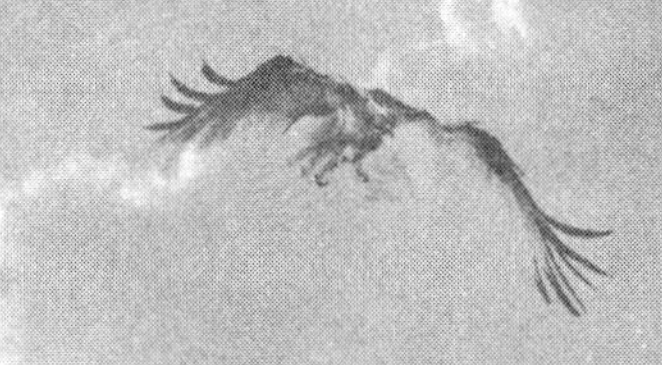

1

매

매 / 立春 / 정원사사막과 낙타 / 물길 찾아 / 연못 / 병甁 / 창덕궁에 가면 / 초원의 여인 / 쓰레기장과 노인 / 할아버지와 손자 / 노숙자의 기도 / 우이령에서 / 억새의 울음 / 목수 / 남해 금산에서 / 세량리의 봄 축제 / 개심사 / 해미읍성 / 넝쿨장미 / 섭리攝理 · 1 / 섭리 · 2

매

매가 되고 싶다
독수리보다 작은 맹금
비상력이 강하고 용맹스러운 하늘의 기사

사람보다 여덟 배 더 멀리 볼 수 있는 매서운 눈
공중을 날면서도 지상의 미세한 소리를 들을 수 있는 귀
쇠갈퀴보다 강한 발톱
갈고리 같은 날카로운 부리
선택한 먹이는 놓치지 않는

매봉에 앉아 있으니 사방이 한 눈에 들어온다
한강과 멀리 관악산
북으로는 인왕산과 북한산
먹잇감이 사방에 널려 있다

나는 아직 먹이 사냥이 어설프다
언젠가 스스로 비상할 꿈을 꾼다
매서운 발톱으로 나는 새를 후려쳐 잡듯
세상에 남길 만한 한 편의 시를 낚아채는

立春

立春大吉
建陽多慶

올 한해도 길함이 가득하라고
한옥의 낡은 대문에
녹슬지 않은 솜씨로 쓴 검고 큰 글씨 한 장 붙어 있다

지나가는 아이들은 고개를 갸우뚱
뒷짐 진 늙은이들은
헛기침 한 번하고
봄 소리를 듣고 있다

산수유 가지에 앉았던 3월이
자리를 털고 일어서서
마을로 걸어오는 소리

눈 밝고
귀 밝은 봄은
해마다 그 집을 제일 먼저 찾는다

정원사

남산골 한옥마을
전지가위는 그 사내의 분신
빈손은 무엇을 잊은 듯 허전하다

어떤 나무든 눈만 마주치면 고개 한 번 갸우뚱
정원사는 웃자란 나무를 가차 없이 잘라 버린다
허공의 길을 정하는 것도 나무가 아닌 정원사의 몫
나무는 고통을 이겨내야 한다

둥글게, 길게, 탑 모양
이제 막 머리손질 마친 나무들 깔끔하다
그의 손끝에서 방금 비너스로 탄생했다

나무와 함께 늙는 그 사내
가위도 늙으면 숫돌에 갈려 점점 줄어든다
이가 빠져 버려진 가위도 수없이 많다

가끔
쓸데없는 욕심이 부풀어 오를 때
정원사의 가위를 떠올린다.

사막과 낙타

낙타는 알고 있다
가는 길과 오아시스 있는 곳
모래바람에 대처하는 방법

있다가 없어지고
자고나면 또 사구가 생기고
수억 년 얼마나 많은 바람이 죽었는지
헤아릴 수 없는 뼈가 잠들었다

몇 마리의 낙타가 무거운 등짐 지고
대열을 갖추어 일렬로 걸으며
죽은 자의 늑골을 하나, 둘 세며
멀고 험난한 모래밭을 걷고 있다

출산을 앞둔 어미
무리를 떠나 조용한 곳을 찾는다
다른 낙타들은 무릎을 꿇고 엎드려 기다린다
어미는 새끼와 함께 돌아온다

낙타가 만난 주검은 또 얼마일까
언젠가 사구와 같이 사라질지 모르는 그들
오늘도 물 냄새를 찾아 사막을 걷고 있다

물길 찾아

햇살이 매우 강하다
마른장마만 계속된다

물 맛 본 지 오래다
이제 더 이상 견디기 어렵다
온몸이 드러나 햇볕에 타고 있다

미꾸라지 한 마리 물 냄새를 맡았다
말라가는 웅덩이 펄에 알지 못할 육필시 한 편 쓰고 있다
무조건 낮은 곳
낮은 곳으로 몸을 파고 들라 한다

또 한 마리가 똑같은 행동을 하고 있다
펄을 뚫어라 펄을 뚫어라
거기 그곳 더 깊이 뚫어라
그 속에 물기가 있을 것이다

벌써
많은 종족이 죽었다
하나라도 더 살려야 한다
비가 곧 온다 하니
생의 끈을 단단히 붙잡고 기다려라

황새 한 마리 먹이 줍기 바쁘다
배를 채우고 목이 타는지 물 찾아 날아간다

연못

연못은 처음부터 연못이 아니다
못에 연이 없으면 그냥 못일 뿐
못과 연蓮이 결혼해야 연못이다

우리 동네 자그마한 못
연蓮을 만나지 못해
아직도 홀몸이다

혼기를 놓친 윗동네 총각
매일 한 차례 못에 나와 맴돌다가
돌 하나 주워 못에 던지고 간다

물은 파문만 일뿐
노총각의 심정을 읽지 못했다

못에 연도 심어보지 못한
그 노총각은 떠났다

병瓶

한 상자에 1개 소대로 담겨진
소주 사이다 콜라병
종횡으로 열을 맞춰 세워 놓으니 병정들의 도열 같다

소주병에는 두꺼비가 살고 있었다
술병을 따는 순간 수많은 두꺼비가 튀어 나온다
어느 때부턴가 두꺼비는 사라졌다
콜라 사이다 맥주병 뚜껑을 열자
억압되었던 감정이 폭발하듯 분수가 솟구친다

빈 병은 회수해 저 태어난 곳으로 돌려보내 부활시킨다
병이 원하지도 않는 불이 벌겋게 붙은 담배꽁초를 넣는다
순간 그 병은 이산가족이 된다

다양한 빈 병 몇 개에
물을 각각 다르게 담아 젓가락으로 두드리면 악기가 된다
병에 숟가락을 꼽아 마이크로 변신시켜 한 곡 뽑고
잼버리 춤을 추기도 한다
술자리는 흥이 넘쳐 아수라장이 된다

빈 병이 쌓여만 간다
그를 먹은 사람들이 두꺼비가 된다

창덕궁에 가면

두 가지 다른 것과
경술국치庚戌國恥 현장이 있다

도심 한복판 궁 안쪽 깊숙이 왕비가 거처하던 대조전大造殿
이곳에서 조선의 역대 왕들이 태어났다

멀리서도 식별할 수 있도록 용마루가 없다
정치는 폐쇄적이면서 대조전 내부는 서구문명을 받아들여 서양식
이때에도 프랑스와 러시아가 이곳까지 들어와 간섭했다

날짐승들이 드나들지 못하도록 도리 끝에 설치한 삼지창처럼 생긴 촉살
배변에 분청이 상하고 목재가 썩는 것을 막으려했던 것
조상들의 지혜가 깃들어 있는 장식

경술국치庚戌國恥 비극의 장소
마지막 어전회의장 대조전 옆 흥복헌
국권이 일본으로 넘어가 36년이란 긴 세월 압박의 통치를 받았다
강제징용, 위안부 동원, 지하자원과 식량, 삼베, 목화 등 강제탈취

정작 사죄와 배상을 해야 할 일본
반성은커녕 독도가 제 땅이라 주장하고
위안부나 징용에 대한 보상도 없이 자의에 의해 이루어진 일이라 망언
언제든지 대륙으로 진출하여 대국을 이루려 호시탐탐 노린다

이러한 국치를 또 당할까 두렵다
창덕궁에는 아직도 살아 있는 역사가 있다

초원의 여인

입추 지나고 벌써 處暑
땡볕이 식어간다

지난여름 푸른 잔디 위에 나란히 누워 굳게 다짐했던 사랑
이제 그 사랑은 상처만 남기고 말없이 훌쩍 떠났다
해질녘 초원에 홀로 서 있는 사랑의 상처받은 저 여인
먼 산 서녘노을 바라보는 모습이 쓸쓸하다

아직 잊지 못하는 그날의 모습
밀려오는 가을의 정취와 함께 새록새록 살아나는 그 사랑
잊자! 잊어!
짙어가는 먼 산 노을과 함께 날려 보내자
마음을 다잡고 결정하니 후련하다

이곳은 아직 초원이다
저곳의 신도시가 언제쯤 이 초원을 먹어 치울까
사라지는 초원, 잃어버린 실연당한 첫사랑
아직 초원인 이곳으로 건너오고 있다
자연은 순리에 순응하며 목마른 사랑을 채워 주고 있다

그때쯤이면 저 여인도 떠난 사랑 잊고
새로운 사랑의 고백을 받을 것이다

쓰레기장과 노인

매일 아침 은행부터 찾는 등 굽은 노인
그의 통장에는 그가 끌어 모은 이 동네 저 동네 골목이 얼마나 들어 있을까

또 하루치의 노동을 뒤지고 있다
누군가 내다버린 쓰레기가 그에게는 밥이 된다
빈 박스나 병을 만나면 굽은 등이 더 굽어진다
아침 한나절을 차곡차곡 접어 손수레에 싣는다
누군가 답답한 가슴을 달래려 속을 비워버린 빈 병이 시샘한다
병을 거꾸로 들자 병 속에 남아있던 몇 방울의 소주가 손등 상처에 떨어진다
엊그제 다친 상처가 쓰라리다
소독이 되려나?
빈 병이 손수레 한 구석을 차지한다

어쩌다 구리나 양은 알루미늄 스테인 조각이라도 만나면 싱글벙글
그에 달라붙은 악취마저 함께 싣는다

노파는 아직도 허기가 지는지
쓰레기 봉지들을 하나하나 풀어 헤친다
파지와 빈 병들이 비명을 지르며 튀어 나온다

수레가 무거워질수록 노인의 마음은 가벼워진다
늦은 오후 모두 갈무리해 수집상으로 끌고 간다
수집상에 풀어 놓은 박스와 빈 병 속에서 음악이 흘러나온다
가벼워진 손수레도 짓눌렸던 다리를 펴고 일어선다

하루 종일 흘린 땀의 댓가
노인의 허리춤 주머니에 들어간다
노안老眼에서 흐르는 짓무른 눈물을 닦는다

쓰레기장과 수집상까지 오간 거리는 얼마이며
그 길바닥에 흘린 땀과 내뱉은 한숨은 얼마나 될까
한 발 한 발 더딘 걸음으로 어둑한 골목을 지나 집으로 간다
하루의 인생 공부를 시로 엮는다

할아버지와 손자

길 가던 한 노인
초등학교 정문 앞에서
우르르 쏟아져 나오는 학생에게 다가가
몇 학년 몇 살이냐고 묻는다

학생들은 못들은 척
저 할아버지 왜 바쁜 우리에게 말을 걸까
학원 갈 시간이 바쁜데
몇 학년 몇 살이면 무엇 할 거야 하는 태도다

늘 이 시간이면 나에게 달려오던 손자
오늘은 만나지 못했다
이 학원 저 학원 몰아붙이는 세상이 야속스럽다

할아버지의 손자는
며칠 전 교통사고로 세상을 떠났다
할아버지는 밤늦도록 손자를 기리다 잠을 설치고
아침을 먹는 둥 마는 둥 몇 술 뜨고 집을 나선다

가는 곳이 동네 구멍가게
아침부터 소주 한 병
할아버지는 공원벤치에 앉아
손자의 얼굴을 그려보며 피식 웃고 긴 한숨
모든 것을 체념한 듯 친구들과 소주병만 기울인다

노숙자의 기도

둥지 잃은 집시에게는 밤이 두렵다
타인이 보는 석양의 아름다움 두려움의 그림자일 뿐
한때 일에 미쳐 하루해가 아쉽고 짧았는데
모든 것 다 잃고 사랑이란 이름으로 매였던 피붙이들도
이산의 파편되어 가슴 저미는 회한을 안긴다

굶어 죽어도 얻어먹는 한술 밥은 결코 사양하겠노라 이 악물던 오기
굶주림 앞에 무너져 무료급식소 대열에 서서 행여 아는 사람 만날까 조바심
날짜 지난 신문지로 얼굴 가리고 아려오는 가슴 안고
목이 메는 아픔으로 한 끼니를 만난다
그 많던 술친구도, 그렇게도 갈 곳이 많았던 만남들도
인생을 강등당한 나에게는 이제 아무도 없다

밤이 두려운 것은 어린아이만이 아니다
오십 평생의 끝자리에서 잠자리를 걱정하며 공원의 긴 의자에 맥없이 앉아 있으니 만감이 눈앞에서 춤춘다. 뒤엉킨 실타래 같은 난마의 세월들 깡소주 벌컥벌컥 들이켜고 수치심 잃어버린 육신을 아무 데나 눕힌다

빨랫줄 서너 발 사서 소나무에 걸고
비겁한 생을 마감하자니 눈물을 찍어내는 아내와 아이

들이
"안 돼! 아빠 안 돼! 아빠" 귀에 쟁쟁히 들린다

그래, 이제부터 다시 시작이다
교만, 자랑, 과거의 화려함 모두 버리자
꾸준히 그날의 아름다움 위해 걸어야지 또 걷고 걸어야지
마음이 편하다

우이령에서

우이령 마루
냉전 시대의 대전차 장애물
김신조 일당이 청와대를 습격하기 위해 넘은 고개

우이령 옛길에 들어서니 새삼 떠오르는 47년 전 일

육군 소위로 강원도 전방에 근무할 때
5분대기조 소대장에 임명되었다
2킬로그램 모래주머니 양 발목에 차고
배낭에 20킬로의 모래를 넣어 짊어지고
산악 달리기 훈련을 실시했다

준비운동을 마치고
5분쯤 갔을 때 한 병사가 쓰러지며 거품을 내뱉었다
군의관의 응급조치 후 병원으로 이송했지만
그 병사는 끝내 깨어나지 못했다

병사의 가족들로부터 쏟아지는 온갖 모욕을 혼자서 감내했다
감찰, 헌병, 상급 부대로부터 조사를 받았다
대대장의 강력한 옹호로 처벌은 면했다
국방 과학수사팀의 부검 검사결과 지병이 확인되었다

소대장으로서 책임을 다하지 못한 것 같아
한동안 우울한 마음으로 지냈다
그러나 군이란 특수신분, 애써 잊어야 했다
다시 훈련은 계속됐다

대전차 장애물 앞에서 그 병사의 명복을 다시 빌며
냉전 시대가 빨리 끝나기를 기원했다

억새의 울음

깊은 겨울
우이령 옛길
어디선가
서걱거리는 소리

잘 키운 자식들
모두 떠나보내고
허리 꺾인 깡마른 억새 한 포기
맹풍에
서걱서걱 울고

목수

12월 하순
우이동 옛길 울창한 자연림 속
여기저기서
딱따구리의 끌질 소리

왜 이리 늦었느냐고 물으니

금년 겨울은 따뜻할 것이라는 기상예보에
세월 가는 줄 모르고 늑장을 부렸단다

아직 늦지 않았다 하면서도
계곡 이곳저곳 끌질 소리 요란하다

톱 대패 못 망치 하나 없이
날카로운 끌 하나로 집을 짓는
딱따구리 목수

남해 금산에서

석문 밖에는 보리암
올빼미 눈알 같은 쌍홍문을 지나니 먼동이 튼다

일출을 기다리며 부처 앞에서 기도하고
뒤로는 올망졸망한 섬들이 고요히 엎드려 늦잠을 자고 있다
이윽고 붉은 해 떠오르고
환호성이 바다로 퍼진다
수많은 기도들이 태양을 향해 피어오른다
올해는 무슨 소원을 빌었을까?

더 멋진 광경을 보려고 금산 정상 사랑바위에 올랐다
남해 금산바다를 가없이 바라보는 나의 사랑
사랑은 가장 높은 곳으로 승천하던가
심해로 잠겨버리는 닿을 수 없는 이별
무상하고도 애틋한 사랑

인생은 끝내 헤어지는 그 자체다
어느덧 기도를 마친 군상들 모두 이별이다

세량리의 봄 축제

꽃피는 저수지
전남 화순 세량리 적벽 맞은편 웅장한 절벽 아래
김삿갓도 반했다는 곳

세량제의 주인공은 산벚꽃이다
남쪽 벚꽃이 스러질 즈음에서야 산벚꽃이 피어 멋을 부리는 4월 말
동트기 전 물안개 꼬물꼬물 피어올라 연푸른 신록과 하얀 산 벚꽃을 휘감으며
저수지 전체를 감싼다
이슬 머금은 산나물도 아침 햇살 받으며 객을 기다린다

세량池 둑에 동이 트자
햇빛이 나무 사이로 비스듬히 내려앉고 본색을 드러내는 호수
만개한 산벚꽃과 삼나무가 물 위에서 조화를 이루고
물오른 싱그러운 수양버들
찬란한 봄날의 수채화 한 폭이다

셔터 소리와 산새들의 지저귐이 리듬을 맞추니
무릉도원이 따로 없다

새 봄을 맞아 지금 막 태어난, 처음 눈뜨는, 방금 숨을

시작한

세량제 축제에서 건진 봄
산벚꽃에 취하고
산나물 비빔밥 그 향에 취하고
봄날의 수채화 한 폭에 빠져

개심사

부슬부슬 내리는 봄비
사람도 나무도 바위도 길도
모두가 침묵하고 있다

서산시 운산면 신창리 저수지길 약 4키로 미터를 걸어
천년 고찰 수덕사의 말사 개심사開心寺를 찾았다

상왕산象王山 입구 일주문을 들어서니
산 능선의 홍송紅松이 읍하며 찾는 이를 반긴다

범종각과 심검당 기둥은
마음을 깨끗이 비운다는 뜻으로
단청 한 점 칠하지 않고 흰 나무 그대로 지붕을 받치고 있다
대웅전은 신라 시대 목조건물
기둥에 쓰여진 '분향야우화도시焚香夜雨和陶詩'에 눈길이 끌렸다

천년 고찰과 함께 늙은 느티나무 경내 곳곳에 자리하고
범종각과 명부전 마당 연등 곁에
청벚꽃 왕벚꽃이 탐스러운 꽃떨기로 어사화처럼 늘어져 있다
꽃이 피기까지 고행의 세월을 견디기에 佛家에 비유도

한다

수행이 깨달음이라는 결실을 얻듯
쌓인 앙금을 모두 씻어내는 마음으로 경배했다

* 분향야우화도시焚香夜雨和陶詩 : 비오는 밤 향 사르며 고요히 시를 읊고

해미 읍성

아름다운 바다가 있다 하여 조선 시대 海美라 불렀다
그 바다가 천주교 신도들이 순교한 '성지'가 되었다

봄비 촉촉이 맞고 있는 읍성
조선 시대 왜구의 침략을 막기 위해 축성했다
시간이 멈춰버린 듯한 성벽
선조들의 숨결이 살아있는 역사의 현장

종교를 버리지 못해
죽음을 택한 믿음
비에 젖어 더 슬퍼 보이는 신도들의 박해 현장
병인년 천여 명의 신도들이 처형당했다
옥사가 있고 단계별로 14처(곳)로 구분하여 처형했다
3개 처는 성내에 있고, 11개 처는 서문 밖 아라매 순례길에 있다
살아남는 자는 포승줄에 묶인 채 바다에 수장했다 한다
바로 이곳이 '성지'

옥사 앞 회화나무와
400년 넘은 느티나무도
슬픈 기억을 나이테 속에 새겼을 것이다

넝쿨장미

무엇이든 타고 올라야 직성이 풀리는
온몸을 가시로 무장한 그
민주평통자문위원회 울타리를
붉게 물들였다

초경을 맞은 소녀가
여인으로 성숙하듯
장미도 꽃을 피워 존재를 인정받고 싶어 한다

그 한 송이 피기까지의 고통이
핏빛이다

섭리攝理 · 1

어젯밤에 죽었다
이름 없는 또 하나의 우주

칠흑의 어둠을 가르는 별의 눈물
하나의 우주가 사라졌지만
아직도 밝혀지지 않은 수많은 별들
어디선가 불쑥 태어날 것이다

어제 하루 종일
까마귀 떼 울어대더니
옆 골목의 암 투병환자가 죽었다

죽는 자를 보며 누군가 눈물을 흘렸겠지만
그 시각 또 다른 곳에서는
울음을 터트리며 새 생명이 탄생했을 것이다

태어남과 죽음은 하나의 섭리

섭리 · 2

꽃이 지는 것을 서러워 마라
그 꽃이 지지 않는다면
영원히 화려한 꽃으로만 남게 되겠지만
터전을 넓혀갈 씨방이 생기지 않을 것이다

하여
우리의 늙음도 서러워해서는 안 될 일
늙지 않고 자식만 계속 생산한다면
인구의 폭발로 살생을 일삼을 것이다
그러므로 적당한 시기에 늙고 병들어 죽어야 한다

고로
꽃이 지는 것이나
사람이 늙고 병들어 죽는 것은
곧 섭리

2

강아지풀

피죽*

포아풀과의 일년초
탐스러운 이삭이 고개 숙이고 있다

밭이나 습한 곳에 잘 자라는 피
모낼 무렵 피죽바람* 불면 흉년이 예상되어
경작지 아닌 땅에 식량 대체 식물로 심었다

4~50년대 배고팠던 시절
피죽 한 그릇에 산나물 한 접시
그 무엇과도 바꿀 수 없는 한 끼니
몸이 쇠잔하여 힘이 없어 보이는 사람을
'피죽 한 그릇도 못 먹은 사람 같다'고 했다

언젠가 쓰레기장에서 본 벌레 생긴 쌀 한 포대
안타까운 생각이 들었다

버려진 그 쌀 한 포대
노숙자나
북한의 산모와 어린이들
그들에게 기증했더라면!

* 피죽 : 피 한 홉에 물 두어 바가지 부어 멀겋게 끓인 죽
* 피죽바람 : 모낼 무렵 오랫동안 부는 아침동풍과 저녁북서풍

강아지풀

남산 성곽 산책길에서 강아지 떼를 만났다
일제히 살랑살랑 꼬리를 흔든다

텃밭 둑에 우쭐우쭐 치솟던 강아지들
왈, 왈, 왈 귀가 먹먹하다

목청 좋은 몇 마리 골라
썰물 때 맞춰 재 넘어 청산리 바다로 나갔다

갯벌 쏙 구멍 찾아 강아지꼬리로
살살 약을 올린다
웬 놈이냐고 덥석 물고 밀어 올린다
잽싸게 집게발을 잡고 쏙을 뽑아 올렸다

강아지는 외진 곳 쓸쓸한 들판이면 지천인데
오염된 하천수가 바다로 흘러
갯벌에 엎드린 사람은 줄었다

모두 성대를 제거했는지
한 마리도 짖지 않는다

7월이면 출렁이며 큰길 가의 풀밭에 우뚝 솟아 도열
무상으로 정을 주는 노변의 벗이여

명태 이야기

많기도 하다 그 이름
그물로 잡으면 망태網太, 낚시로 잡으면 조태釣太
겨울엔 동태, 봄엔 춘태, 산란 뒤는 꺽태, 어린 명태는 노가리
코다리, 황태, 북어…

고성 앞바다에 살던 명태
수온이 높아 살기 힘들다고
러시아 오호츠크 베링해와 일본 근해로 이사했다
오호츠크 베링해 고단한 순례 길을 마친 명태
이제 동태凍太가 되어 제 살던 곳으로 몰려온다

해돋이 무렵 거진항에 배가 들어온다
손등이 덕지덕지 갈라진 아낙들
내장을 빼고 네 마리를 한 코로 묶어 차에 싣는다

칼바람 부는 진부령 굽이굽이 돌아
용대리 황태덕장 걸대에 걸쳐
눈바람에 얼었다 녹으며 황태로 변신했다

서민의 밥상에 오르던 흔하던 명태
이젠 귀하신 몸 금태金太가 되었다

굴비

그가 살던 터전은 광활한 바다
어느 날 그물에 걸려
앞을 볼 수 없는 캄캄한 육지로 올라왔다

짠물에 살아온 그에게
누가 더 짠 소금을 퍼 부었을까
물기 다 빠진 그들은 한 두름씩 엮였다
똥파리, 쉬파리 다 덤벼도
흐트러지지 않은 눈동자

어제 시장에서 사온 마른 굴비
오늘 노릇하게 구워져 아침 밥상에 올라왔다
양손으로 쭉쭉 찢어
쌀밥 한 숟가락에 한 쪽씩 얹어 먹으니 밥도둑

굴비를 뒤집으니 비굴이다
비굴하게 살지 않겠다는 뜻으로 영광굴비*라 했다

* 영광굴비 : 난식적자 이자겸의 난에 얽힌 비화

바다의 백금

신안 증도 백금
전증도와 후증도 2개의 섬을 막아
140만 평의 국내 최대 광맥을 이루었다

바다의 백금은 물이 닿는 순간 녹아 버린다

초기에는 갯벌을 다져 금싸라기를 골라냈지만
지금은 타일로 바꿔 백금을 캔다
광부의 땀이 배어 있는 백금 대패로 밀어 모은다
예전엔 광부들의 임금도 백금으로 주었다

슈퍼 어디서나 만날 수 있는 금이 흔한 시대
한 포대에 만원도 안 되는 헐값
광부들의 노력에 비해 너무 싼 값이다
힘들고 어려운 일이라 소규모 광산들은 문을 닫았다

김장철 되니 백금을 가득 실은 트럭이 산동네 골목을 누빈다
'신안 백금'을 사라 목청 높여 외치지만 팔리지 않는다
핵가족 시대 김치를 즐겨 먹지 않고
지역마다 반찬가게가 즐비하여 조금씩 사다 먹는다

사람이나 동물은 적당한 백금이 필요하다
식물성은 백금만 만나면 풀이 죽는다

바다는 거대한 광맥

빙어축제 현장에서

丙申년 1월 중순에 찾아온 늦추위
서남해안과 제주도 울릉도엔 눈사태와 강풍
하늘 길과 바닷길이 막혔다
서울과 경기도 강원 서부 지역은 강추위에
강이 얼고 수도가 터지고

친구의 초청으로 빙어축제 현장을 갔다
간이식당에서 간단히 요기하고
망치 의자 낚시 그물망을 빌렸다

행사요원의 안내로 구멍 하나 골라 낚시를 시작했다
나는 어쩌다 한 마리씩 잡히는데
옆에 앉은 초등학생은 연속 잡아 올리며 기쁨에 환호한다
빙어마저 노인과 젊음을 구분하는가
그러나 학생의 즐거워하는 모습에 덩달아 즐거웠다

친구와 잡은 오십여 마리를 들고 간이식당으로 갔다
빙어 몇 마리 넣고 끓인 시래기 된장국
회와 튀김에 소주 한 잔 추위가 확 날아갔다

강추위도 이긴 축제
즐거운 하루였다

지금 남쪽에서는

통영 앞바다
어부들이 바닷속 꽃밭을 끌어 올린다
벌건 꽃송이들이 주렁주렁
어부의 얼굴에도 웃음꽃이 핀다

동백꽃은 할 일을 다했다고
칼날에 목이 떨어지듯 송이 채 뚝뚝 떨어진다

멍게꽃 동백꽃 어부의 웃음꽃에 취하고
노란 멍게 비빔밥 봄나물 무침 한 그릇
내 얼굴에도 웃음꽃이 핀다

하동 지역 섬진강 주변
산과 들에는 하양 매화꽃과 노랑 산수유꽃
동네가 꽃에 싸여 있다
이제 막 피기 시작한 붉은 복사꽃도 합세했다

봄철이 제철인 섬진강 재첩
남쪽 바다와 육지의 봄꽃이 어우러진다

릴레이

겨울잠에서 깨어난 수목들
샛바람에 실려 오는 소리 들으려 귀를 기울인다
계곡의 살얼음 밑 조르륵 조르륵 봄을 깨우는 소리
골짜기엔 물안개 자욱
추웠던 기억들이 녹아 흐른다
물가에 버들개지 솜옷을 벗으려 벙긋거리고
나뭇가지들 연둣빛 물오르기 시작한다
아직도 미련이 남은 소슬바람
꽃 속을 헤집고 옷 속으로 파고든다
시샘 달, 잎새 달 짧기만 하다

봄의 바통을 이어받은 5월 벌써 삼복더위
하늘도 말라 계곡과 개울물이 주저앉았다
댐 저수량이 50년 만에 최저, 발전과 급수, 농수가 부족하다
닫힌 하늘이 열리고 한 줄기 쏟아졌으면
이러다가 폭풍우 넘칠 때에는 수마가 할퀴고 갈 것이다
푸름 달 농부의 가슴이 시커멓게 탄다
타오름 달까지 그렇게 보내고 릴레이는 계속된다

바통을 받은 열매 달
봄여름 들녘에서 속까지 검게 그을린 농부
걷어드릴 것은 지난해의 반도 안 되지만 그래도 걷어

들여야 한다
  메마른 들녘에서 한숨지으며 태산 같은 걱정
  을씨년스런 하늬바람에 더위는 식어가고
  빛 고운 짧은 시간도
  雪寒風에 바통 넘길 준비한다

  한 해 한 해 더해 갈수록
  등만 더 굽어가고

조간신문

30여 년 전부터 여섯 시만 되면
현관문 여는 버릇이 생겼다

문 앞엔 세계가 하나로 묶인 하루가 던져져 있다
그 세계를 거실로 끌어 들인다
하루가 시작된다

세계는 다양하게 흐르고
어제의 적이 오늘은 동지가 되고
무늬도 색깔도 다양하다
그렇지만 세계가 하나로 묶여 있다

헤드라인부터 살펴보고
시가 있는 아침
사설
오늘의 운세를 샅샅이 더듬는다

그리고 하루가 시작한다

마음의 두레박

공허한 마음
하루에도 수십 번 흐렸다 갰다 한다

물을 퍼 올리려면 빈 두레박을 내려야 하는데
감정들이 가득 찬 두레박을 내려 보내니 물이 담기지 않는다
마음을 비우고 다시 빈 두레박을 내려 보낸다

마음이 답답하고 무거울 때는
높은 곳에 올라
발아래 펼쳐진 세상 바라보라
마음이 가벼워진다

무엇이 담겨 있을까
두레박 끈을 당겨 본다
여전히 빈 두레박이다

켜켜이 쌓인 묵은 감정 모두 비우고
다시 시작하자
절망은 사라지고
희망을 길어 올릴 수 있을 것이다

이용사와 거울

벼르고 별러
구립 종합복지관 이용소를 찾았다
요금도 싸고
이용사들의 솜씨도 믿을 만하다

오늘은 여이용사들 뿐이다
의자에 앉으며 시원하게 깎아 달라 했다

이용사는 내 머리를 쓰다듬더니
웃으면서 자를 것도 없다 한다
그럴 수밖에
머리숱도 얇고 정수리 부분은 몇 개 남지 않았으니

뒷부분 제비초리 잘 다듬어 달라 하니
예쁘게 잘 다듬었다 한다
드라이어로 마지막 손질
거울을 가져다 주며 뒷부분을 보라 한다

그 뜻을 읽지 못하고
머리 뒷부분을 비치니
앞 대형거울에 비치는 것은 내 머리뿐이 아니다
빙긋이 웃고 서 있는 아리따운 이용사

틈

메워지지 않은 틈
찬바람이 들어온다
더운 공기 빠지는 마찰음도 들린다

몇 년 전 일시적 불협화음이 있었다
나는 그 마찰음의 틈을 찾지 못했다
그러나 얼마 가지 않아 틈은 메워졌다

그런데
아직도 바늘구멍 같은 틈새가 남아
찬바람이 들어온다
육년이란 세월이 지났다
모든 것을 체념하니 마음이 편하다

그 작은 틈
기다리다 보면 언젠가 메워지리라 믿는다
언제일지는 모르지만

이상한 이주移徙

창문으로 바라보이는 장충동 서울클럽
아카시나무에 까치집 세 채
까치도 열 마리 넘게 드나들었다

그 자리가 좋은 집터인 줄 알았는데
어느 날 한 채가 헐리기 시작했다
헐린 나무 밑을 살펴도
자재가 한 개도 보이지 않는다
모두 다른 곳으로 운반하여 재활용한 것일까

무슨 일이 있었기에
집을 철거하여 송두리째 가져갔을까
야생 날짐승이 한 짓이라곤 믿기지 않는다

사람들은 부모 자식 형제자매 간 의가 상해 멀리 떠나도
집은 남겨두고 가는데
한 채가 없어지고
들락거리는 까치도 마릿수가 적어졌다

윤선도는 한양 집을 헐어 그 재목을 해남으로 옮겨
집을 지었다 하지만

날짐승인 까치가 집을 헐어 이사하다니
왜 어디로 옮겼는지 흔적조차 없다

사랑의 힘

집 한 채
열흘 만에 완공

궁금하다
풍수지리는 누가 봐 주었는지
건축허가는 받았는지
준공검사는 받았는지

산란기가 급하니 서둘러 지은 것은 아닌지
서두르다 보면 부실공사가 일쑤인데
행여 알이 빠져 떨어지지는 않을는지

사람이 집을 지을 때는
빨리 지어야 석 달

까치 부부는
무서운 사랑의 힘으로
열흘 만에 집 한 채 뚝딱

성곽 돌 틈 노랑 깃발

서울 성곽
틈바구니에 노랑 깃발
아침 햇살 받아 더욱 노랗다

낮은 곳에서
사람의 발길에 밟히며 살던 민들레
잘 키운 자식
발길 닿지 않는 곳에서 평화로이 살라고
바람에 날려 보낸 곳이 높은 성곽 돌 틈바구니였다

걸음을 멈추고
낮은 곳의 민들레와 성곽 돌 틈의 민들레
번갈아 바라보며
세상을 배우고
깨달음을 얻는다

그곳에 가면

양재동 시민의 숲 매헌역
화훼단지 구경하고
양재천 끼고 조성된 '시민의 숲'으로 들어가면
소나무 측백나무 느티나무가 뿜어내는 피톤치드에 흠뻑 취하고
걷기와 각종 운동으로 활력을 얻는다

가슴 아픈 사연도 있다
1995년 6월 삼풍백화점 붕괴
사망 502명 부상 937명의 희생자 발생
3주기에 건립한 위령탑 입구 양면으로
흰 철쭉이 만개하여 그들의 아픔을 달랜다

1987년 11월 북한 김정일은
88서울올림픽 방해 목적으로
비밀 공작원 김승일과 김현희를 위장 탑승시켜
미얀마를 방문하는 대한항공기를 공중 폭파시켰다
이때 희생된 사람은 조국의 고위 인재 113명과 외국인 2명
영령들의 명복을 빌기 위해 위령탑이 건립되었다

매헌 윤봉길 의사 기념관도 있다
나라 잃은 설움에
23세에 '장부출가생불환丈夫出家生不還'이라는 비장한 글

을 남기고
독립운동을 위해 중국으로 망명
1932년 일본군의 사형집행으로 25세로 짧은 생을 마쳤다

양재동 화훼단지와 시민의 숲을 돌아보면
자연과 나라 사랑하는 마음이 솟구친다

화훼단지를 다녀오다

어느 교회의 장로님
강대상에 올릴 관목을 사야 하는데
시간도 없고, 거리도 멀고, 다리가 불편해 문제란다

지하철을 두 번이나 바꿔 탔다
그러니까 3개 노선을 탄 셈이다
다리가 불편해 계단을 오르내릴 때마다 힘들어 했다

좁디좁은 비닐하우스 한 구석 차지하고
주인을 기다리는 식물들
지나는 사람마다 한마디씩
좋다, 잘 생겼다, 예쁘다, 곱다 칭찬도 받지만
거들떠보지 않는 나무와 꽃도 있다

단지를 돌고 돌았다
나무와 꽃들은 우리를 수상한 눈초리로 바라보았다
그러던 중 눈길을 끄는 '호접란' 화분 하나
그에 매료되어 예정에 없던 호접란도 샀다

다시 단지를 돌고 돈다
각 점포마다 해피트리가 있기는 하지만
몸통이 적합한 것은 키가 크거나 작고, 가지와 잎이 부실하다

마지막 점포에 들렀다
키가 약간 작기는 하지만 다른 조건은 마음에 드는 것을 발견했다
작은 키의 보충은 조금 높은 받침대를 쓰기로 했다

마음에 드는 꽃을 산 장로님
지하철 계단을 오르내리는 걸음도 가벼워 보였다
기분 좋은 귀갓길이었다

사랑 한 그루

지난 봄
화분 가꾸기를 좋아하는 아내 위해
양재동 화훼단지에서
3년생 '블루베리' 한 그루 사 왔다

튼실하고 열매는 많이 맺었으나
전지를 하지 않아 잔가지가 너무 많다
잔가지를 전지하여 아담하게 만들어
옥상 조경용 대형 화분에 심었다

아내는 매우 즐거워한다
매일 물 주어 키우는 재미를 느끼며
8월엔 까만 열매 딸 꿈을 꾸는
그 모습이 아른거린다

올림픽공원의 봄

드넓은 공원
과거와 현재가 공존하는 아름다운 공원
봄꽃이 흐드러지니 더욱 아름답다

진달래와 일반 벚꽃이 지니
뒤를 따라
왕쌍벚꽃, 겹철쭉, 영산홍이 피고
나뭇잎들이 파릇파릇 둘러싸니 또한 싱그럽다

오륜정에 오르니 꽃 대궐에 갇힌 몸이 되었다
따끈한 커피 한 잔
그 향과 꽃의 향기에 취해 영혼이 황홀해진다

삶의 흔적 켜켜이 쌓인 흰머리 흩날리는 노익장들
청춘 남녀들의 발랄함
생각이 다른 두 무리
한 울타리 안에 공존한다

성 위에 고양이 한 마리
따스한 봄 햇살 아래 한가로이 졸고 있다

봄 마중

봄은 반드시 올 것이라고
길가 목련이 속삭이더니

봄바람이 살랑살랑 달려와
지금 오고 있다고 전한다

산 계곡 개울가 버들강아지 솜옷 벗느라 분주하고
개나리 진달래 푸릇푸릇 피가 돌고

나는
남한산성으로 봄 맞으러 간다

가는 봄

봄꽃들의 꽃망울
안개비에 생기 얻어 망울을 활짝 연다

목련, 매화, 산수유, 개나리, 진달래, 벚꽃
산과 들
울긋불긋 물들이고 상춘객 불러 모으더니
4월의 차가운 비바람에 짧은 생을 마친다

팔랑팔랑 나비처럼 꽃비 내린다
바닥에 달라붙어 발길에 으깨지는 꽃잎
한때 즐겨 찾던 연인들 돌아오지 않는다

꽃들은 이유도 묻지 않고
하염없이 지고 있다

봄은 그렇게 떠나간다

5월

바닷가의 조가비가 귓문을 한껏 연다는 계절
여인들의 귀도 활짝 열린다
나무들은 일제히 뒤꿈치를 들고 하늘과 내통한다
하늘은 연못 속으로 가라앉고

오월은 모두 연둣빛이다
내 마음을 그대에게 전하고 싶어 캔버스에 담는다
변화무쌍한 마음은 어디에도 고정되지 않는다

이 싱그러운 계절
우리 모두 서로의 분노를 잊지 못하고 있다
비 그치니 화사한 햇살이 화폭에 내려앉는다

색깔이 덕지덕지한 미완성된 화폭을 찢어버리고
새 화폭에 5월을 담는다

태안반도 백화산白華山에서

乙未년 섣달그믐
고향 가는 길에 서해 해넘이를 보려고 백화산에 올랐다

고향에서 가까운 산
낙조봉의 전망대에서 서해를 바라보니
가로림만과 천수만이 광활하게 펼쳐지고
그 앞에 점점이 떠 있는 격렬비열도가 한눈에 들어온다
한 폭의 화려한 동양화다

화강암 벽에 새겨 놓은 '마애삼존불'
가운데는 키 작은 보살과 좌우엔 승복자락을 팔 위에 걸친 건장한 스님의 형상을 귀히 여겨 이곳에 '태을암'을 건축하였다 한다

나는 해넘이를 보며
새해엔 좋은 詩想이 많이 떠올라
시다운 시가 써지길 빌었다

소원을 받아든 해
하늘을 붉게 물들이고
병신년에 다시 만날 것을 기약하며
격렬비열도 수평선 너머로 서서히 사라졌다

금방 어두워지며 추위가 엄습했다
하늘엔 수많은 별들이 튀밥 튀듯 약속처럼 번져간다
해안의 등대보다
멀리 아직 귀항하지 않은 어선들의 불빛도 외로워 보였다

고향을 찾는 늦은 차량들의 불빛 행렬과 경적
그믐밤의 고요를 깬다

교장絞杖바위*

태안반도 백화산 중턱에
동학농민혁명군 영혼들의 숭고한 정신이 서려 있는
한恨 많은 사연을 품은 바위

일제하에 관군과 일본군의 횡포에
전국에서 일어난 농민의 반란
서해안 해안지대 농민군은 전세 약화로 백화산으로 쫓겨 갔다
관군과 일본군은 동학농민혁명군을
창과 칼로 찔러 죽이고 목을 베고 생매장했다

바위에서 교살絞殺*하거나 장살杖殺*하던 광경을 지켜봤던 사람들이
해방 후 민족의 교훈으로 삼고 그들의 숭고한 정신을 기리기 위해
그 바위를 교장絞杖바위라 불렀다

* 교장바위 : 수많은 동학농민혁명군이 교살과 장살을 당한 곳
* 교살 : 목을 잘라 죽임
* 장살 : 배를 쳐서 죽임

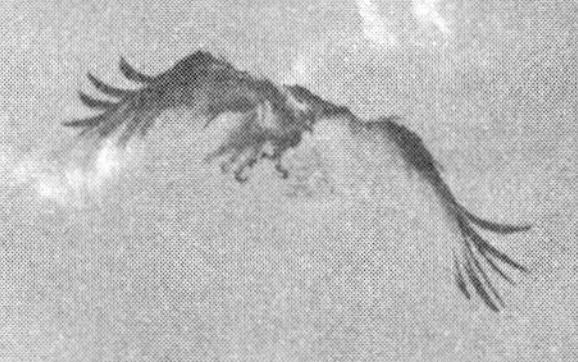

3

고목에 꽃 피다

감시 / 고목에 꽃 피다 / 수건 / 궁궐 나들이 / 대부도와 시화호 / 제부도 / 화성 앞바다 매립지 / 꽃이 된 공룡알과 발자국 / 백년 만에 피는 꽃 / 목화 / 전신주 둥지 / 그 이름 노린재여 / 허수아비 / 반딧불이 / 가을 / 우산 / 광희문廣熙門 / 生과 死 / 예식장 / 연포탕 / 친구 / 널뛰기 / 시안視眼

감시

다섯 시 잠에서 깨어보니
첫 번째 감시자인 여명이 벌써 대기 중
불을 켜니 거실이 나를 감시한다
화장실에선 거울과 변기가 감시한다

화장실을 벗어나
신문을 가지고 들어와 펼치니 여명이 끼어든다
세상이 우리 집으로 뛰어든다
갖가지 사건이 소파에 모두 나열된다

직립의 빛 아침 햇살 알갱이가
무한의 깊이로 창문을 뚫고 들어와
지난밤에 있었던 일들을 궁금해 한다

TV를 켜고 채널을 이리저리 돌려본다
사건 사고들이 연이어 방송된다
CCTV를 벗어나지 못한 범인
올가미에 묶여 끌려간다

어둠, 여명, 전깃불, 거울, 변기, 아침 햇살
주변의 모두가 감시꾼

고목에 꽃 피다

서울 남산 용암천 약수터
백 년 넘게 보이는 벚나무 한 그루
언제 누가 무엇 때문에 잘라냈는지
곁가지 하나 없이 몸통만 남아 있다

지난해는
늙어 제구실을 못하니
이제 발악한들 무슨 힘이 있겠느냐는 듯
체념하더니

올해는
아직 더 살 수 있다고 힘을 내
빈 몸뚱이 몇 군데에 앙증맞은 꽃이 피었다
가지가 휘도록 만개한 나무보다 더욱 아름답다

그 앞을 지나는 초로의 산책객들
우리도 저 나무와 같이 힘내어 살아보자고 한마디씩
그렇다
백 년 넘은 등걸에도 꽃이 피는데

수건

세면장 수건 보관함
차곡차곡 접혀 차례를 기다린다
정년이 되어가는 샐러리맨들 하나 둘 누적되듯

불려나가 다시 후줄근한 모습으로 변신할 수건들
물소리에 예민하다 누군가의 몸을 거치면
세탁기 속으로 던져질 수건들

제 살로 누군가의 몸을 닦아 헐었다
언젠가는 걸레로 뒹굴다가 마침내
쓰레기통으로 들어갈 소모용품

50대 중반에 정년퇴직한 사내들
반경이 줄어 거동이 불편하다
세상으로부터 점점 멀어져 공원에서 하루를 보낸다

나도 올 풀린 수건 같아지면
아무도 거들떠보지 않겠지, 갈 곳이 묘연하다

궁궐 나들이

까치 한 마리
궁궐 나들이 중이다

까악 깍깍
처음 보는 나에게 아는 척하며 인사를 한다
조선의 궁궐이 궁금하여 구경하러 왔단다

인정전과 선정전을 기웃기웃하다가
더 안으로 들어가 대조전과
병술국치가 서려 있는 '흥복헌'까지 들여다본다

고개를 갸우뚱 갸우뚱
이곳이 국치의 현장이냐며
까악 깍깍 울어 대더니
볼 것 다 봤다는 듯
창경궁 방향으로 날아간다

대부도와 시화호

시화호는 바다였다
방조제가 설치되고 수력발전을 하면서 인공호수로 호적이 바뀌었다
방조제 길이만 11.2킬로미터

하루에 두 번
밀물 때의 낙차를 이용한 세계 최대의 단류식 조력발전소

75미터 높이 유리 전망대
저녁노을에 붉게 물든 낙조
깊어가는 가을의 정취를 만끽할 수 있었다

송교리 매립지에서 공룡과 공룡알 화석산지가 발견되어
공단과 택지 복합개발은 중지됐다

반월공단에서 쏟아지는 폐수가 흘러들어
시화호는 죽어가고 있었다
썩은 물이 흘러 들어간 바다도 죽는다
바다가 고향인 생물들은 바다를 그리워하며 모두 죽어간다
시화호를 근거지로 생활하던 어민들 떠나고
철따라 찾아오던 야생조류도 찾지 않는다

죽은 호수를 살려야 한다
어느 연구가의 노력 끝에 얻은 처방
호수에 갈대를 심어 번성하니 썩은 물이 정화되어
한때 죽었던 시화호와 바다는 살아났다

조류 쉼터와 魚道를 조성하니
안산의 새 천연기념물 노랑부리백로가 돌아왔고
호수에 물고기 번식하니 철새들도 찾아왔다

갈대와 철새가 나를 부른다
가을의 갯바람이 차다

제부도

화성시 제부리 누에섬
하루 두 번 썰물 때 물길이 열리는 모세마을
누에가 석 잠 자고 깨어나 먹이 찾는 형태다
열린 갯벌을 건너 제부도로 들어갈 때
어린이와 노인을 보호해 준다 하여 '제약부경制弱傅輕'이라 했었는데
그 '제'와 '부'를 따 제부도라 했다

마침 썰물에 열린 바닷길
인파가 몰려들어 하나의 바다도시를 이루었다
조개 잡는 고사리손
쏙 잡는 두꺼비손
돌을 들춰 게나 낙지 잡으며
한바탕 즐거운 웃음바다가 되었다
바닷물이 밀려오니 삶을 들춰 메고 갯고랑을 빠져나온다

순식간에 바다도시는 물속으로 사라졌다
그 인파 음식점으로 모여들어 북적댄다
주인은 만면에 웃음꽃 가득
종업원 발길은 기러기 날 듯 가볍다
어느새 한바탕 소란을 떨며 회포를 풀고 모두 떠난다

다시 해변의 식당가는 적막하다
철썩대는 파도 소리만 적막을 깨뜨린다

화성 앞바다 매립지

한때는 바다였다
배 띄워 고기 잡고
갯벌에서 조개 잡고
해초 뜯던 어부들 모여 살았다

그 사람들 모두 떠났어도
왕따나무는 짠물과 민물을 번갈아 먹으며 아직도 그 자리에
갯벌이 흙더미에 묻히니
띠가 번성하여 갈대 흉내 내고
바위섬 형도는 매립지와 연결되어 육지의 끝이 되었다
골재용으로 섬을 폭파하니 그 곱던 형도의 얼굴이 흉한 몰골이다
언젠가 흔적조차 없어지겠지

갈대와 띠, 함초가 무성하니
노루와 토끼가 먹이 좇아 내려왔다가
밀엽꾼들에 의해 죽기도 한다
물총새와 종달새들의 둥지도 간간히 보인다

그곳을 찾는 사람들은 외로운 사람들
아니면 연인들?

나는 소금밭을 걷고 있었다

꽃이 된 공룡알과 발자국

시화호 방조제 공사 때 발견된 공룡알과 발자국 화석

중생대 백악기 시대 공룡의 집단서식지가 아니었을까
아직도 쥐라기의 체온과 숨결이 남아 있는 듯하다
열두 곳 약 삼십 개의 둥지와 이백여 개의 공룡알 화석
저 갯벌 속에도 화석이 묻혀 있을까
그렇다면 세계 최대 규모의 화석산지가 될 것이다

이 넓은 초원에 크디큰 두 눈을 부릅뜬 거대한 몸짓이 어슬렁거린다
집채만한 괴물의 형상
무슨 天刑을 받았기에 제 한 몸 창자를 채우지 못해
어린 알과 새끼를 돌볼 수 없어 종족보존을 못하고
수중만리 수장되고 말았을까

인간의 무릎이나 복숭아뼈 같고 소나무의 옹이 같은 화석
쥐라기의 따스한 체온으로 곧 알을 깨고 다시 태어나
웅장하고 거대한 몸으로 세상을 주름잡는 과거로 돌아갈 것 같다

지구의 맨살 위에 우두 자국처럼 찍어놓은 공룡의 발자국
진창을 밟고 간 발자국이 굳어져 낙관처럼 남아 있다

짓무른 상처 자리는 환한 꽃밭을 이루었다

세상을 공룡이 지배했던 것일까
곧 돌아와 다시 세상을 지배할 것 같다

공룡알과 발자국의 흔적이 꽃이 되다니

백년 만에 피는 꽃

반가움에 인터넷 검색
많지는 않지만 전국에 고구마꽃이 피어 있다
백년만이라면 내가 태어나기 훨씬 이전에 피었던 꽃이
이제 다시 피었다는 것이다
시골에서 자랄 때 고구마 밭에서 나팔꽃을 본 적은 있지만
꽃은 비슷하다
구황식품인 고구마는 뿌리 열매가 굵어 음식으로 먹고 줄기도 굵다
나팔꽃과 고구마는 한 핏줄이 아니라 흉내 냈을 뿐일 것이다

나팔꽃과 메꽃은 해마다 피지만
고구마꽃은 농부가 평생에 한 번 볼까말까 하단다
나팔꽃과 고구마꽃은 뜨거운 바람이 불어야 피는 꽃
열대지방에서는 흔히 볼 수 있다 한다

열대지방을 여행하던 길 잃은 사람이 고구마 밭을 지나다가
한 뿌리 캐어 먹고 환히 웃고 있는 꽃이 귀여워 어루만져 주었다
따라 다니던 어린 아들이 훌쩍 커 자식을 낳았다
그 아이 장년되어 할아버지가 거쳐간 그 고구마 밭을

지나게 되었다
그 해가 백년이 되던 해, 고구마꽃이 피었다
그래서 백년 만에 피는 꽃이라 했다 한다

백년만이란
한 종자의 유전자가 백년이 돼야 꽃이 피는 것인지
한 사람이 백년 이상 살면서 체험한 것인지
어쨌든 연구해야 할 과제다

이 꽃들은
해 뜨면 입 열고
해 지면 입 닫는다
또한 길조의 꽃이라 해 꽃말은 '행운'이다

목화

三伏에 밭을 매던 날
목을 축여준 달착지근한 몽우리
그때 나는 이불솜으로 쓰일 목화를 먹었던 것이다
목화 농사는 가족의 겨울나기 재산이었다

어느 날 옥상에 올라가 발견한 목화나무
아내가 어디서 씨를 구했는지
화분에 심어 추억을 더듬고 있었다

중복 무렵 흰 꽃이 피었다
흰 꽃은 삼사일 지나면
또 한 번의 꽃을 피우기 위해
피눈물 자주색으로 변한다
꽃 진 자리엔 몽우리가 맺힌다
아프게 익어 다시 피는 하얀 목화가 된다

꽃을 보고 있으니
어머니의 물레 소리 베틀 소리가 들린다
솜을 넣어 짓던 바지저고리, 따뜻한 솜버선
아침 늦도록 둘러쓰고 뒹굴던 포근한 솜이불

쓰라린 산고 끝에 피어나는 꽃
목화
봄날의 눈부신 꽃만이 꽃이 아니다

전신주 둥지

대한민국 국조
한국전력과 전쟁 중
의례히 패하고 도주하는 신세이며

신세대들이 콘크리트 숲을 좋아하니
너도 감옥 같은 그곳을 좋아하는구나
도심 주변에도 살아 숨 쉬는 공간이 많은데

하필이면 삭막한 콘크리트 전주라니
전선의 온열 때문인가, 아니면
청설모나 뱀 같은 천적을 피하기 위함인가
그 작은 머리로 생각한다는 것이 고작 그것뿐

정전사고가 생길 때를 모르는 까치
오늘도 부지런히
못도 박지 않고 곡선과 직립으로
집을 짓는다

그 이름 노린재여

봄비가 온다
생명을 가진 모두가
생명수로 싱그럽게 받아들이는데

벌레 한 마리
비를 피해 날아들다가
창문 방충망에 걸렸다

너는
어찌하여 일찍 잠에서 깨어
차가운 비에 갈 곳을 잃었느냐
시간을 앞당겨 살아도 문제되느니라

그 이름 노린재여

허수아비

가을이 떠난 자리에 허허로운 외로움 하나

허름한 옷에 빛바랜 모자
팔 벌린 채 먼 산 바라보며 외롭게 서 있다
그는 그들의 세상에서 제일 무서운 존재
말 한마디 없어도 불청객들은 그를 두려워했다

그가 서 있는 것은
때를 맞춰 찾아오는 불청객 때문인데
모두 다 떠나고 매서운 추위에도 그 자리에 서 있다
옷이 낡아 바람에 너덜대고 모자가 날아가도
주인은 모른 척한다

그는 한겨울에도
시리도록 파랬던 옛날을 기억하며
가뭇없이 지워지는 시간만 움켜쥐고 있다

반딧불이

–개똥벌레

'개'자와 '똥'자가 들어가니 운명이 기구하다
애벌레 시절에는 1급수에 사는 다슬기를 먹고 산다
70년대엔 농촌 어느 지역에서나 많이 볼 수 있었다
너무 흔해 '개똥벌레'라 했다
개똥이라니 이름 한번 더럽다

6~7월 밤
이슬로 연명하며 겹겹이 내공 쌓아
몸속 색소를 산화하여 연초록 불씨로
공중의 수백 필지에 불을 지피고 있다

형광은 외부의 빛을 받아야 빛이 나지만
반딧불이는 스스로 배마디에서 빛을 낸다
먹잇감을 유혹하거나 짝을 찾기 위해 發光을 하지만
적에게 위협을 가할 때도 빛을 발산하기도 한다

하천과 강물이 썩고
인공조명과 농약으로 멸종 위기 맞아
대가 끊기고 집안이 망할 지경이다
멸종을 막기 위해
인공부화하여 방생하고 있다

세상에 이름이 좋아 팔자 좋은 놈도 많은데
왜 하필이면 '똥'자가 붙은 '개똥벌레'일까

가을

눈부시다
가을볕에 무르익은 오색 빛깔
붉은 물이 뚝뚝 떨어진다

내 삶도
눈이 시리도록 푸르른 시절 있었지만
광활한 사막에서 홀로 방황했던 때도 많았다
나도 이제 겨울로 가는 길목에 접어 들었다

어떤 모습으로
얼마나 곱고 아름다운 노을빛이 될는지
황혼의 길목
지나온 삶의 지혜를 거울삼아
여유롭고 향기 가득한 모습을 남겨야 한다

먼 훗날 나의 가을을 그리워하는 사람들이 있도록…

우산

꽁꽁 묶인 채
창고나 베란다에 처박힌 우산
외출을 기다린다

하늘이 우중충하다
흐리고 가끔 비가 올 것이라 하니
우산의 귀가 쫑긋해진다

그러나
비는 오지 않았다
날개를 펴 보지도 못하고 종일 지팡이 노릇만 했다

거센 비바람에 갈기갈기 찢기고 갈비뼈가 부러질 때도
있지만
오늘도
비 오기만을 기다리는 목마른 우산들

광희문廣熙門

원숭이의 해 정월
원숭이는 궁둥이를 드러내놓고도 겨울을 지내는데
나는 네 겹이나 껴입고
방한모와 방한 장갑을 끼고도 춥다

동대문역사문화공원 디자인 플라자를 보려고
아리랑 고갯길을 걸어 광희문을 지나야 한다
성 안에서 나오는 시신을 떠올리니 으스스 춥다

도성 안에서 죽은 시체가 성 밖으로 나오는
광희문과 서소문
이 두 곳을 시구문이라 불렀다

시신들의 원혼을 달래기 위해
무당들이 모여 살던 '神堂洞'
1894년 갑오경장 이후 '神堂'이 '新黨'으로 바뀌었고
시구문屍軀門은 광희문廣熙門으로 바뀌었다

이제 광희문으로 나오는 시체는 없다

生과 死

태어남과
삶
죽음

세상에 큰소리치며 나왔지만
누구든지 언젠가 가야 하는 계약된 절차

모두 내 마음대로가 아니다

큰소리 뻥뻥치는 가진 자나
못 가진 자나
누구나 갈 때는 똑같은 빈손

풀잎에 맺힌
한 방울 이슬과 같은 것
구름으로 떠돌다가
강물이 되어 흘러갈 것을

나 모르고 여기에 왔으니
모르고 그냥 떠나리

예식장

신랑 신부
백년가약 맺는 날

양가 가족과 친지
웃음 머금고
그 향기 뿜어내니
모두 꽃인 양 아름답다

흰 드레스 신부
꽃 중에서도 사람 꽃이 젤 곱다

그 꽃의 향기
천사의 향기 되어
부부의 행복이 영원하길…

연포탕

재료는
낙지 조개 마른멸치 마른새우 버섯 홍고추 박 등 열여덟 가지

육수는
마른멸치 다시마 청양고추 마른새우 무 양파 대파 넣고 푹 끓인다

내장 뺀 낙지는 밀가루로 비릿한 냄새까지 없앤다
박은 반쯤 익은 것으로 씨가 뭉친 부분을 걷어내고 하얀 속살만 긁어낸다
부드럽고 하얀 박속을 보면 박속같은 미인이 생각난다

육수냄비에
박속과 양파 무 붉은 고추 조개를 넣고 익힌 후 칼국수를 넣고 다시 끓인다
낙지와 버섯을 넣고 끓이다가 낙지가 반쯤 익으면 먹기 좋게 자른다
다진 마늘 부추 고춧가루를 넣고 간장으로 간을 한다
육지와 바다가 만나 뒤범벅되어 푹 우려내니 그 맛이 진미

농번기 소가 지쳤을 때

산낙지 두어 마리와 막걸리 한 바가지 먹이면 벌떡 일어났다
가을철 지친 몸을 달래기 위해 연포탕 찾는 사람들이 늘고 있다
낙지와 박 값이 껑충 뛰니
연포탕 값도 껑충

연포탕을 먹으면 어머니의 속살과 뼈를 우려먹는 것 같다

친구

가정의 달 첫 월요일
이년 전 폐암수술 받은 친구
점심이나 같이 먹자고 전화가 왔다

시골에서 빈손으로 상경해 자수성가했다
아들 셋에 손자 다섯
행복한 가정을 이루었다

양평에서 만난 친구
장어구이 몇 점 먹고
입맛 없다며 수저를 놓는다

점심 먹고 다산 정약용 생가 공원을 돌아보았다
괴로울 때면 가끔 그곳을 찾는다고 한다
숨이 차다며 걷다 쉬기를 몇 차례 반복
강가 의자에 앉아 잔잔히 이는 은빛 물결을 보며
뛰어들고 싶다고 중얼거린다

그는
처자식복 재물복은 받았어도 건강복은 못 받았다며 한숨이다

모두 갖춘 사람 몇이나 될까
행복은 곁에 있어도 잘 보이지 않는다

널뛰기

묵은해를 보내고
새해를 맞이하는 정월과
단오 무렵
젊은 부녀자들이
울 밖 세상이 궁금하여 높이 솟아 내다보는 스포츠

세상은 항상 널뛰기를 한다
오르거나 추락하는 희비의 쌍곡선
하나의 기업이 망하면 하나의 기업은 흥한다

국가와 국가 간 세력 다툼, 이것도 널뛰기
세상이 다 그러하니 함께 널을 뛰어볼까
양 발을 굴러 뛰어본다

시안視眼

1. 결과

다칠세라 몸을 사린
그릇된 판단은
훗날
지워지지 않는 흔적으로 남으리

2. 뒤집다

지혜로운 자는 역사를 만들고
어리석은 자는 역사를 꾸민다
과거의 오류를
현재의 잣대에 맞추는 것은
역사를 뒤집는 일
역사는 역사로 남아야 한다

3. 왜들 이럴까

돈이면 다 된다는 세상
권력이 앞서고
제몫이 우선이다
돈의 위력에 빠져
돈만 따라가다가
한치 앞 구덩이도 보지 못한다

4. 政爭을 보면서

자기 당 정책은 옳고

상대 당 정책은 틀렸다니
정책을 만들 때 양 당이 타협하여 만들어 놓고
시행하려면 서로 헐뜯는 당파싸움
이제는 국민들도 진저리 친다

5. 믿을 수 없다

누구를 믿겠는가
털면 털수록 튀어나오는 비리
위정자 모두 털어보면
국민을 위한
참 사람 몇이나 될까

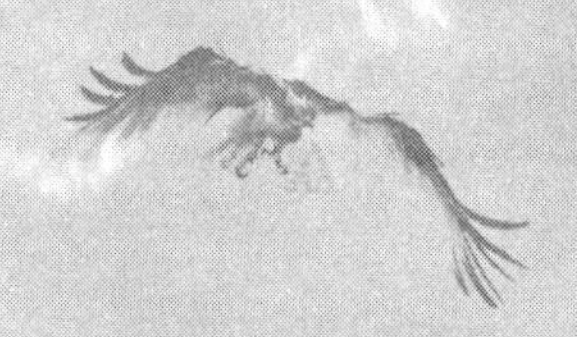

4

대나무의 반란

대나무의 반란

한옥 폐가 뒤란 대나무
모진 악천후에도 흔들림 없이
장대함이 위엄 있다

사람이 살고 있을 때는
뿌리가 집으로 들어올 엄두도 못 내더니
주인이 없으니
그때의 설움을 한풀이하듯
안하무인

뒤편에 있는 밭을 모두 점령하고
한옥의 본채 구들장 밑을 통과하여
앞마당까지 차지했다
이제는 대나무가 주인이다
그래봐야 50년 살 운명

집주인은 항복하고 말았다
대나무의 반란은 어디까지 계속될까

고장난 의자

2007년 4월
컴퓨터와 함께 들여온 의자
나와 함께 지낸 세월 벌써 8년
언제나 나의 체중을 받아 주었다

어느 날 갑자기 아프다 한다
어렵사리 상처를 찾았다
베어링이 파손되었다

병원에 보냈다
치료 불가능하단다
모든 기억들을 안긴 채 폐기처리

발가락에 생긴 옹이

발 하나는 튼실하게 태어났다
내 발바닥은 곰발바닥만큼 두꺼웠다
어렸을 때 맨발로 뛰어 다녔고
무거운 짐도 지고 다녀 단련되었다

언젠가
좋은 신을 신어 보려고 동대문 신발상가에 갔다
디자인도 좋고 발에 딱 맞는 구두 한 켤레를 샀다
며칠 신고 다니는데 발가락이 아팠다
새 신이니까 그러려니 했는데, 아픔은 점점 더 심했다

병원을 찾았더니
구두가 너무 꽉 조여 발가락에 옹이가 박혔단다
옹이를 빼 달라하니 발가락 신경이 손상될 수 있단다
정 못 견딜 정도면 물에 불려 깎아내란다

한 순간 멋을 내려고 했던 실수
평생 옹이와 함께 살아야 한다
오늘도 부풀어 오른 옹이를 또 물에 담근다

쥐가 나다

철쭉꽃의 전당 지리산 바래봉
사랑의 즐거움 철쭉꽃 축제

가랑비 부슬부슬 내리는 5월 중순
남원골 전북 학생체육관을 출발, 세동치, 부운치(1140)를 지나 철쭉 군락지로 가는 중에 쥐가 양 다리를 물고 늘어져 놓지 않는다 열 개의 발가락을 바늘로 따니 발가락에 철쭉꽃보다 더 화사한 붉은 꽃이 피었다 근육이완제와 우황청심환 먹고 에어파스를 뿌려도 쥐는 물러나지 않는다

일행 몇 명이 고생하며 도와준 덕에 쥐를 잡고 철쭉 군락지에 도착했다
꽃술은 가랑비에 촉촉이 젖고 물방울 방울방울 맺혀 있으며
꽃잎에는 앙증스러운 깨알 같은 검은 점이 있다
사랑의 즐거움, 철쭉꽃이 밭을 이뤘다
꽃의 천당에 온 것 같다
그러나 몸과 마음은 편치 못했다

그간 많은 산행을 했었지만
오늘 같이 쥐가 물고 늘어지는 일은 없었다
가장 힘든 하루였다

오래된 가방

삼십 년 전 구입한 작은 가방
강산이 세 번이나 변했으니 늙을 때도 되었다

여행이나 등산 때
물병, 간식, 구급약, 피로회복제 등
배가 빵빵하도록 채우고 다녔으니

며칠 전
간단한 몇 가지만 넣고 등산길을 나섰다
갑자기 어깨끈이 축 늘어졌다
살펴보니 고정 고리가 부러졌다
응급조치로 허리끈 고리에 걸고 등산을 마쳤다

집에 와 고치려 했으나 고칠 수 없었다
가방병원에 가서 고쳐왔다

나만 늙는 줄 알았는데 너도 늙었구나
앞으로 얼마 동안 같이 지낼지 모르지만
아직 너와 헤어질 생각 없다

사람이나 물건 늙고 병드는 이치는 같구나

나무의 희로애락

누가 그랬던가
생각할 줄
슬퍼할 줄
기뻐할 줄 모른다고

나무에도 혈관이 있어 피를 순환시키고 두뇌가 있다
기뻐할 줄
생각할 줄
상처가 생기면 슬퍼할 줄 알고 눈물도 흘린다
바람 불면 아무 생각 없이 흔들리는 것 같지만
그 흔들림 속엔 계절에 따라 각기 다른
기쁨과 슬픔이 숨어 있다

나무가 하는 말을 들어봤습니까?
나무를 간질여 보면 웃는 모습이 보일 것이며
돌로 치거나 발로 차면
슬퍼하는 모습이 보일 것이다

수목의 말을 우리가 듣지 못할 뿐
나무도 생각하는 인간과 같다

우울한 마음 달래려

–금산 진악산

서해 해군 천안함 폭침사건 2주기
우울한 마음 달랠 길 찾다
금산 진악산에 갔다
의병들의 영혼이 반겨준다

왜구의 침략과 왜병들의 잔악상을 보다 못해
나라와 백성을 보호하겠다는 굳은 일념 하나로
승병을 일으킨 승려 영규대사
의병장 조헌과 칠백의사

용감히 싸우다 전사한 영혼들
보석사 입구 의선 각閣과 의병승장 비碑가
영규대사와 의병들의 충혼을 말해 주네

다소나마 우울한 마음이 진정됐다

안개

차창 밖에 보이는 것은 안개뿐
물안개가 세상을 하나로 묶었다
시나브로 뜨거운 입김이
산허리를 휘감아 몇 미터 앞도 보이지 않는다

안개 덮인 철길을 달린 철마는 팔당역에 도착
나는 예봉산, 적갑산 안개 속을 뚫고
구름도 쉬어 간다는 운길산을 향했다
정상에서 밥을 안개비에 말아 먹었다

삶에 이는 풍탁風鐸을 모두 토하려다 파열된 목울대가 소리를 각혈하듯
북의 처녀와 남의 총각이 두물머리에서 사랑을 나누며
내뿜는 뜨거운 입김이 안개가 되었다

수종사에서 한 바가지의 물로
세상의 기억들을 말끔히 씻어냈다

내 안에 자욱하던 안개가 모두 걷혔다

쟁기질

15개 부품으로 구성된 쟁기
황해도 봉산 지역에서 긴 타원형의 돌보습과
안악의 고분에서 철제 보습이 발견되었다
우리나라는 기원전 3000년 무렵부터 쟁기를 이용하여 농사를 지었다

마른 밭과 무논 갈기
쟁기질이 숙련된 자만이 할 수 있다
소는 주인이나 쟁기질 잘하는 사람을 기억하고 있다
초보자가 쟁기를 잡고 소를 몰면 심통을 부릴 때도 있다
언젠가 길을 가다 소가 쟁기와 사람을 끌고 묵정밭을 갈아엎는 풍경도 보았다
오지 비탈밭에서 소는 보이지 않는데 쟁기질하는 영감과 할멈만 보였다

머슴을 둘 때 쟁기질 잘하면 상일꾼으로 인정, 새경을 더 주었다
속담에
'일 못하는 놈이 쟁기를 나무란다'
'쟁기질을 할 줄 알면 농사農事를 다 배웠다'라고도 한다

쟁기질이 쉬워 보이지만 그만큼 어렵다
그도 이제 보기 드물다
현대는 트랙터를 이용 농사 짖기 때문에

싱글벙글

복어요리 전문 음식점 간판
주인도 항상 '싱글벙글'
복어는 이 소리에 독을 더 많이 만들어 낸다

한 마리의 독으로 50명이 죽을 수 있다
요리사 앞에만 가면 '나 무섭지' 하며 배를 최대로 부풀린다
그러나
요리사는 속지 않는다

요리의 하이라이트는
단백질이 풍부하고 쫀득쫀득한 회
껍질을 데쳐 만든 무침
맑은 매운탕의 담백한 맛

바다에서 살다가 산란기엔 강으로 올라온다
한때 멸종 위기를 맞아 보호 어종으로 분류되었다
내수어업연구소에서는 회귀 어종인 복어알을 채취
인공수정 부화시켜 치어를 방류함으로 멸종 위기에서 벗어났다

자연산에만 의존할 때는 값이 비싸 식객이 적었으나
황복어 양식을 시작하며 많은 사람들이 찾는다
매상액은 예나 지금이나 변함 없다며 '싱글벙글'

김장

옛날엔 추수 마치고
겨울 식량의 하나라며 백여 포기의 배추김치를 담갔다
텃밭 한켠에 배불뚝이 독을 묻고 김치를 넣는다
바람과 눈 막이로 고깔 모양의 갓을 씌웠다
봄까지 두고 먹는 자연 냉장고였다

어머니는
가족들의 주반찬인 배추김치를
꽁꽁 언 손을 호호 불며 한 바가지 꺼내 오셨다
둘레상에 모여 앉은 대여섯 식구 밥 한 숟가락에 김치 한 쪽
다른 반찬 없어도 밥 한 그릇 뚝딱

예나 지금이나 김장 담그기는 매우 까다롭다

현대의 김장은 준비 과정부터 복잡하다
오뉴월에 마늘을 살 때 국산이냐 수입품이냐
어느 지방산이냐, 6쪽 마늘이냐
논마늘이냐 밭마늘이냐 까다롭게 고른다
소금은 간수가 잘 빠진 것으로 배추를 절인다

젓갈류, 생새우, 고춧가루, 생강…
마늘을 까 갈아 놓으니 냉장고는 포화상태

흰 찹쌀 죽을 끓여 식힌 후
생새우, 귤, 배, 사과, 밤을 믹서에 넣고 곱게 갈아 놓고
밤새 썰어 놓은 무, 대파, 쪽파, 갓, 미나리를
고춧가루와 젓갈류, 굴을 넣고 골고루 버무린다
절인 배추를 한 겹씩 젖히면서 속을 넣어 마무리한다

김치 가지러 온 자식들과
절인 배추에 소를 넣어 싸 먹는 수육 한 점 그 맛
아내는 다 나눠주고 속이 후련하다며 한숨을 쉰다
2~3일은 아프다고 끙끙 댄다

때늦은 땜질

새벽부터 함박눈이 내리는
2015년 12월 3일
오전 내내 오락가락
지난여름과 가을가뭄을 보충하려는 듯

오후에 서울 남산 둘레길을 걸었다
大洋 같다, 드문드문 보이는 검은 것들은 섬이다
사람들의 검은 속도 이렇게 깨끗했으면

소나무 잣나무는 머리가 반쯤 희었고
갈나무 벚나무는 빈 가지에 흰 꽃이 피었다
개나리 진달래는 눈을 한 섬씩 머리에 이고 힘겨워한다

소나무는 무게에 목이 꺾이고 팔 관절이 축 늘어지고
척추가 약한 놈은 허리가 뒤틀렸다
내 머리에 한 동이의 눈 벼락이 내렸다
놀란 가슴 쓰다듬으며 위를 올려다보니
소나무는 내가 아니라며 시치미를 뚝 뗀다

바로 앞에 한 무더기의 눈이 또 떨어진다
잣나무도 모른다며 허공만 바라본다

해질 무렵 날씨가 추워진다

또 눈이 내리기 시작한다
내일 아침까지 눈이 얼마나 더 올까
도시는 몸살 앓을 것이다

정화조 청소

벌써 일 년이 되었나
아침 다섯 시에 전화벨이 울린다
정화조 청소하러 온다고
청소비와 커피를 들고 나가 기다렸다

청소차가 도착했다
따끈한 커피부터 한 잔 나누고

매년 청소할 때마다 하는 잔소리
바닥에 가라앉은 것을 괭이갈고리로 휘휘 저으라고
당연히 할 일인데 말하지 않으면 하지 않는다

청소를 끝낸 미화원
정화조 뚜껑을 덮으며 한마디
'일 년 후에 만나자'고 한다
누구에게 하는 말인지

책

다양한 표정의 나무들
갓 태어난 때 묻지 않은 나무
무엇이 부끄러운지 홍조를 띤 나무
겁에 질려 푸르죽죽한 나무
때가 덕지덕지 붙어 검은 나무
다양한 색상을 지닌 나무 속에는
우주 만물이 들어 있다
종류와 크기도 다르다
눈에 확 들어오는 것
그저 그런대로 볼 수 있는 것
깨알보다도 작아 돋보기 없이는 볼 수 없는 것

아직은 들고 다닐 수 있다
또 그 나무 위에 글을 쓰거나 읽을 수도 있다

나무 속의 그들은 혼자가 아니다
때로는 외롭고 쓸쓸한 나무도 있다
그래서 무엇이든 너그럽게 다 받아들인다
힘이 다하는 날까지

물

무서운 놈이다
넘쳐도, 부족해도 탈이다
甲午년과 乙未년 연속 가뭄

강화도와 서해 중부 지역
저수지는 쩍쩍 입을 벌리고, 물고기들이 떼죽음하고
식수가 부족하여 강제 절수다
국민들의 가슴은 시커멓게 타고
농작물도 타 죽고 생태계가 변화하고 있다
댐 저수량이 부족하여 발전을 중단할 단계다
대청호 물을 서해 가뭄 지역으로 보낼 수로를 설치하고 관정을 뚫는다

늦가을
기다리던 단비 온다
놀랜 여우 찔끔찔끔 오줌 싸며 도망치듯 내린다
대지는 목을 축인 듯 만 듯

댐과 저수지 저수량은 그대로다
겨울에 눈이라도 많이 내려야
丙申년 봄 물난리를 면할 텐데

그동안 무심코 버린 물은 얼마나 될까

오죽하면 물 쓰듯 한다고 했을까

유엔은 대한민국을 이미 물부족 국가로 지정했다
그 흔한 물
알고 보니 물이 금보다 귀하다

쌍둥이 전망대에서

북한산 둘레길 무수골 '쌍둥이 전망대'

전망대에서 올려다본 자운봉, 만장봉
눈앞에 비경이 펼쳐진다

참나무 소나무가
그 비경 즐기는 것을 시샘한 인간
나무의 키보다
더 높은 전망대를 세웠다

쌍둥이 전망대에 앉아
도봉산 대자연의 위엄 바라보며
겨울 한낮의 햇살 한 줌
김이 무럭무럭 오르는 따끈한 커피 잔에 담았다

풍경

북한산 도선사의 적막한 밤
처마 끝 풍경
석 달 열흘 가뭄에도
계곡에 울려 퍼지는 은은한 소리는
변함이 없다

가벼운 실바람에도
하늘가에 닿도록 멀리 더 멀리 퍼져가는
저 구슬픈 소리

맑은 풍경 소리에
잡념과 고뇌를 씻는다
속세에 찌든 영혼을 헹군다

인생길

인생을 길에 비유하기도 한다
많은 길을 걸었지만 아직 가보지 못한 길도 많다

걸어온 길에는 미로와 장애물도 많았다
험준한 가시밭과 가파른 고갯길
예기치 않던 악마의 손길도 있었다
풍랑 속에서도 중심을 잃지 않았으며
좌절과 실패를 경험하면서도 실의에 빠지지 않고
인생길의 한 부분이라 생각하며 걸어 왔다

한 번도 가보지 않은 낯선 길
한 번 들어서면 돌아올 수 없는 그 길
동반자도 이정표도 없다
그곳의 문 앞까지 다녀온 '나'

이룰 수 없는 가득 채워진 미련들을 버리니
희망과 행복의 길로 돌아왔다

離別

－낙엽을 보며

얼어붙은 땅의 고요를 깨운 새싹
따스했던 봄날을 추억으로 한 채

기나긴 여름
살인마 같은 땡볕
가뭄에 고개 숙인 채 목말라 애태웠고
가뭄 뒤에 오는 지루하고 짜증스런 장마
온몸이 멍들도록 후려치던 빗줄기도 이겨냈는데

어느덧 가을 인생
팔팔 끓던 왕성한 혈기는
목줄 조인 나뭇잎

이제 한 겹 두 겹 벗겨지는 피부들
자고나면 흰 머리칼도 하나씩 더 늘어나고
머리꼭지가 훤해진다
무시로 이곳저곳 아파 온다
離別을 고誥할 때가 가까워 오는 건가

아니겠지
아직은 아니겠지

사라짐에 대하여

산다는 것은
사라짐을 준비하는 일

이 세상 어딘가에서
한 줄기 기억만 남긴 채 사라진 유성처럼
세상에 영원한 것은 없다
이미 사라졌거나
기억에서 멀어지고

나 역시
사라지기 위해 세상에 나온 것뿐

그저 남는 것은
존재의 그림자에 대한 짧은 기억뿐
나무와 풀, 바람과 눈비, 새와 짐승, 사람들까지
삶이란 돌아가는 일들의 반복

마지막엔 흙으로 사라지는

황혼길

어지러운 세상사에 얽매어
해가 가고
또 한 해가 간다

인생이 긴 것 같지만,

생은 여인숙의 하룻밤 같은 찰나

幸福

누구나
幸福을 추구한다

행복은 어쩌면 지나치게 결과론적인 것
과정은 힘들어도 마지막 정복의 순간
잘 익은 보리밭 길을 걷는 기분
등산객이 정상을 정복한 그 시간의 행복

행복은 먼 데 있는 것도 아니고
누가 가져다 주는 것도 아니다
스스로 찾고 만들어 나가야 하는 것

저녁이면 방안에 나무 파편들이 가득 쌓인다
버렸던 것을 다시 펴보고 또 구겨 던지고를 몇 차례
그 속에서도 좋은 구절句節이 보인다
고르고 골라 한 줄 한 줄 엮다보면
늦은 밤 정리가 완료될 때 순간 희열을 느낀다

작지만, 이것이 행복